In Loving Memory of:

Born:

Rest in Peace:

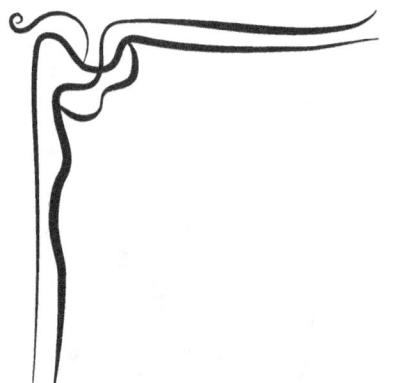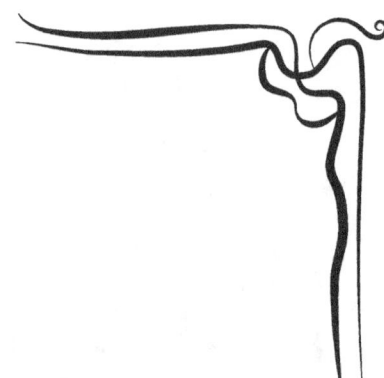

(Frame - like page - For including pictures of your loved one)

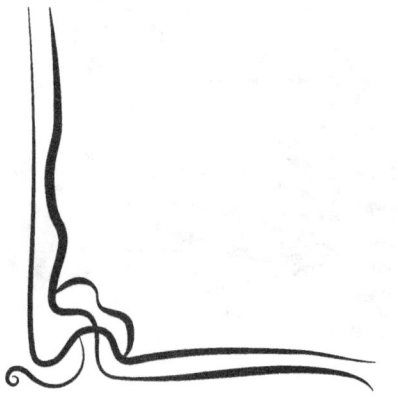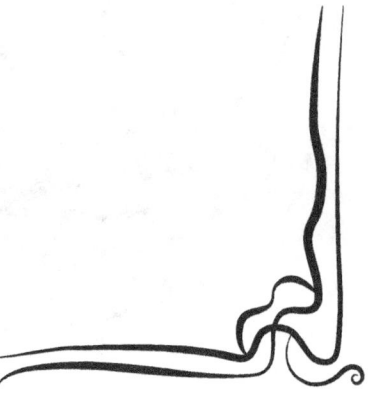

Thoughtd. Memories

Guest Name _____   *Memories & Condolences* _____

Contact Info _____

Guest Name _____   *Memories & Condolences* _____

Contact Info _____

Thoughtd. Memories

Guest Name _____

Memories & Condolences

Contact Info _____

Guest Name _____

Memories & Condolences

Contact Info _____

Thoughtd. Memories

Guest Name _____

Contact Info _____

Memories & Condolences
_____
_____
_____
_____
_____

Guest Name _____

Contact Info _____

Memories & Condolences
_____
_____
_____
_____
_____

Thoughtd. Memories

Guest Name _____

Memories & Condolences
_____
_____
_____

Contact Info _____
_____

Guest Name _____

Memories & Condolences
_____
_____
_____

Contact Info _____
_____

Thoughtd. Memories

*Guest Name*_____

Memories & Condolences

*Contact Info*_____

*Guest Name*_____

Memories & Condolences

*Contact Info*_____

Thoughtd. Memories

Guest Name _____

Contact Info _____

Memories & Condolences _____

Guest Name _____

Contact Info _____

Memories & Condolences _____

Thoughtd. Memories

Guest Name _____

Memories & Condolences

Contact Info _____

Guest Name _____

Memories & Condolences

Contact Info _____

Thoughtd. Memories

Guest Name _____

Memories & Condolences
_____
_____
_____

Contact Info _____
_____

Guest Name _____

Memories & Condolences
_____
_____
_____

Contact Info _____
_____

Thoughtd. Memories

Guest Name _____

Memories & Condolences

Contact Info _____

Guest Name _____

Memories & Condolences

Contact Info _____

Thoughts & Memories

Guest Name _____ *Memories & Condolences* _____

Contact Info _____

Guest Name _____ *Memories & Condolences* _____

Contact Info _____

Thoughts. Memories

Guest Name _____

Contact Info _____

Memories & Condolences

Guest Name _____

Contact Info _____

Memories & Condolences

Thoughtd. Memories

Guest Name _____ Memories & Condolences
_____   _____
_____   _____
Contact Info _____   _____
_____   _____

Guest Name _____ Memories & Condolences
_____   _____
_____   _____
Contact Info _____   _____
_____   _____

Thoughtd. Memories

Guest Name_____

Memories & Condolences

Contact Info_____

Guest Name_____

Memories & Condolences

Contact Info_____

Thoughtd. Memories

Guest Name _____

Contact Info _____

Memories & Condolences

Guest Name _____

Contact Info _____

Memories & Condolences

Thoughts. Memories

Guest Name _____

Memories & Condolences _____
_____
_____

Contact Info _____
_____
_____

Guest Name _____

Memories & Condolences _____
_____
_____

Contact Info _____
_____
_____

Thoughtd. Memories

Guest Name _____

Memories & Condolences

_____

_____

Contact Info _____

_____

_____

Guest Name _____

Memories & Condolences

_____

_____

Contact Info _____

_____

Thoughts & Memories

Guest Name _____

Contact Info _____

Memories & Condolences _____

Guest Name _____

Contact Info _____

Memories & Condolences _____

Thoughtd. Memories

Guest Name _____

Contact Info _____

Guest Name _____

Contact Info _____

Memories & Condolences

Memories & Condolences

Thoughtd. Memories

Guest Name _____

Memories & Condolences _____

Contact Info _____

Guest Name _____

Memories & Condolences _____

Contact Info _____

Thoughts. Memories

Guest Name _____

Contact Info _____

Memories & Condolences

Guest Name _____

Contact Info _____

Memories & Condolences

Thoughts. Memories

Guest Name _____

Contact Info _____

Guest Name _____

Contact Info _____

Memories & Condolences

Memories & Condolences

Thoughts & Memories

Guest Name _____

Contact Info _____

Guest Name _____

Contact Info _____

Memories & Condolences

Memories & Condolences

Thoughtd. Memories

Guest Name _____

Memories & Condolences

Contact Info _____

Guest Name _____

Memories & Condolences

Contact Info _____

Thoughtd. Memories

Guest Name _____

Memories & Condolences

Contact Info _____

Guest Name _____

Memories & Condolences

Contact Info _____

Thoughts. Memories

Guest Name _____

Contact Info _____

Memories & Condolences

Guest Name _____

Contact Info _____

Memories & Condolences

Thoughts & Memories

Guest Name _____

Contact Info _____

Memories & Condolences _____

Guest Name _____

Contact Info _____

Memories & Condolences _____

Thoughts & Memories

Guest Name _____

Contact Info _____

Memories & Condolences

Guest Name _____

Contact Info _____

Memories & Condolences

Thoughtd. Memories

Guest Name _____   *Memories & Condolences* _____
_____   _____
Contact Info _____   _____
_____   _____

Guest Name _____   *Memories & Condolences* _____
_____   _____
Contact Info _____   _____
_____   _____

Thoughtd. Memories

Guest Name _____

Contact Info _____

Guest Name _____

Contact Info _____

Memories & Condolences

Memories & Condolences

Thoughtd. Memories

Guest Name _____ *Memories & Condolences* _____

_____

Contact Info _____

_____

Guest Name _____ *Memories & Condolences* _____

_____

Contact Info _____

_____

Thoughtd. Memories

Guest Name _____

Contact Info _____

Memories & Condolences
_____
_____
_____

Guest Name _____

Contact Info _____

Memories & Condolences
_____
_____
_____

Thoughts & Memories

Guest Name _____

Memories & Condolences _____

Contact Info _____

Guest Name _____

Memories & Condolences _____

Contact Info _____

Thoughtd. Memories

Guest Name _____

Contact Info _____

Memories & Condolences

Guest Name _____

Contact Info _____

Memories & Condolences

Thoughtd. Memories

Guest Name _____

Contact Info _____

Memories & Condolences

Guest Name _____

Contact Info _____

Memories & Condolences

Thoughtd. Memories

Guest Name _____

_____

_____

Contact Info _____

_____

_____

Guest Name _____

_____

_____

Contact Info _____

_____

Memories & Condolences

_____

_____

_____

_____

_____

Memories & Condolences

_____

_____

_____

_____

_____

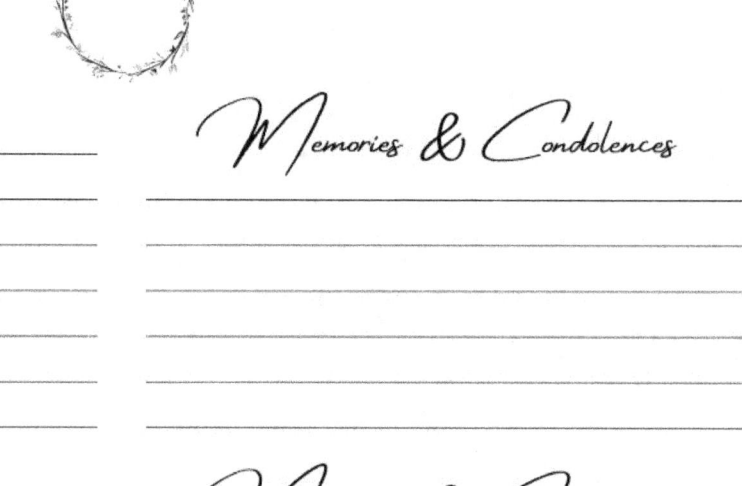

Thoughts & Memories

Guest Name _____

Contact Info _____

Memories & Condolences

Guest Name _____

Contact Info _____

Memories & Condolences

Thoughtd. Memories

Guest Name _____

_____

Contact Info _____

_____

Guest Name _____

_____

Contact Info _____

_____

Memories & Condolences

_____

_____

_____

Memories & Condolences

_____

_____

_____

Thoughtd. Memories

Guest Name _____

Memories & Condolences

Contact Info _____

Guest Name _____

Memories & Condolences

Contact Info _____

Thoughtd. Memories

Guest Name _____

Contact Info _____

Memories & Condolences

Guest Name _____

Contact Info _____

Memories & Condolences

Thoughts & Memories

Guest Name _____

Contact Info _____

Memories & Condolences

Guest Name _____

Contact Info _____

Memories & Condolences

Thoughts & Memories

Guest Name _____ Memories & Condolences

Contact Info _____

Guest Name _____ Memories & Condolences

Contact Info _____

Thoughtd. Memories

Guest Name _____

Memories & Condolences

_____

Contact Info _____

_____

Guest Name _____

Memories & Condolences

_____

Contact Info _____

_____

Thoughtd. Memories

Guest Name _____ *Memories & Condolences* _____
_____ _____
_____ _____
Contact Info _____ _____
_____ _____
_____ _____

Guest Name _____ *Memories & Condolences* _____
_____ _____
_____ _____
Contact Info _____ _____
_____ _____
_____ _____

Thoughtd. Memories

Guest Name _____   *Memories & Condolences* _____
_____   _____
Contact Info _____   _____
_____   _____

Guest Name _____   *Memories & Condolences* _____
_____   _____
Contact Info _____   _____
_____   _____

Thoughtd. Memories

Guest Name _____

Memories & Condolences

Contact Info _____

Guest Name _____

Memories & Condolences

Contact Info _____

Thoughtd. Memories

Guest Name _____

Memories & Condolences

Contact Info _____

Guest Name _____

Memories & Condolences

Contact Info _____

Thoughts & Memories

Guest Name _____

Memories & Condolences

Contact Info _____

Guest Name _____

Memories & Condolences

Contact Info _____

Thoughtd. Memories

Guest Name _____   Memories & Condolences _____
_____   _____
Contact Info _____   _____
_____   _____

Guest Name _____   Memories & Condolences _____
_____   _____
Contact Info _____   _____
_____   _____

Thoughts. Memories

Guest Name _____

Contact Info _____

Memories & Condolences

Guest Name _____

Contact Info _____

Memories & Condolences

Thoughtd. Memories

Guest Name _____   Memories & Condolences

Contact Info _____

Guest Name _____   Memories & Condolences

Contact Info _____

Thoughts. Memories

Guest Name _____

Memories & Condolences

Contact Info _____

Guest Name _____

Memories & Condolences

Contact Info _____

Thoughtd. Memories

Guest Name _____

Contact Info _____

Memories & Condolences _____

Guest Name _____

Contact Info _____

Memories & Condolences _____

Thoughts & Memories

Guest Name _____

Memories & Condolences

Contact Info _____

Guest Name _____

Memories & Condolences

Contact Info _____

Thoughtd. Memories

Guest Name _____

Memories & Condolences

Contact Info _____

Guest Name _____

Memories & Condolences

Contact Info _____

Thoughtd. Memories

Guest Name _____

Contact Info _____

Memories & Condolences

Guest Name _____

Contact Info _____

Memories & Condolences

Thoughtd. Memories

Guest Name _____

Contact Info _____

Memories & Condolences

Guest Name _____

Contact Info _____

Memories & Condolences

Thoughtd. Memories

Guest Name _____   *Memories & Condolences* _____

_____   _____

Contact Info _____   _____

_____   _____

Guest Name _____   *Memories & Condolences* _____

_____   _____

Contact Info _____   _____

_____   _____

Thoughtd. Memories

Guest Name _____

Memories & Condolences _____

Contact Info _____

Guest Name _____

Memories & Condolences _____

Contact Info _____

Thoughtd. Memories

Guest Name _____

_____
_____

Contact Info _____

_____

Memories & Condolences

_____
_____
_____
_____

Guest Name _____

_____
_____

Contact Info _____

_____

Memories & Condolences

_____
_____
_____
_____

Thoughtd. Memories

Guest Name _____

Memories & Condolences

Contact Info _____

Guest Name _____

Memories & Condolences

Contact Info _____

Thoughts & Memories

Guest Name _____

Contact Info _____

Memories & Condolences
_____
_____
_____
_____

Guest Name _____

Contact Info _____

Memories & Condolences
_____
_____
_____
_____

Thoughtd. Memories

Guest Name _____

Contact Info _____

Guest Name _____

Contact Info _____

Memories & Condolences

Memories & Condolences

Thoughtd. Memories

Guest Name _____

Memories & Condolences

Contact Info _____

Guest Name _____

Memories & Condolences

Contact Info _____

Thoughts & Memories

Guest Name _____

Memories & Condolences _____

Contact Info _____

Guest Name _____

Memories & Condolences _____

Contact Info _____

Thoughts & Memories

Guest Name _____

Memories & Condolences _____

Contact Info _____

Guest Name _____

Memories & Condolences _____

Contact Info _____

Thoughtd. Memories

Guest Name _____

Contact Info _____

Memories & Condolences

Guest Name _____

Contact Info _____

Memories & Condolences

Thoughts & Memories

Guest Name _____

Memories & Condolences

Contact Info _____

Guest Name _____

Memories & Condolences

Contact Info _____

Thoughtd. Memories

Guest Name _____ Memories & Condolences

Contact Info _____

Guest Name _____ Memories & Condolences

Contact Info _____

Thoughtd. Memories

Guest Name _____

Contact Info _____

Memories & Condolences _____

Guest Name _____

Contact Info _____

Memories & Condolences _____

Thoughtd. Memories

Guest Name _____

Memories & Condolences
_____
_____

Contact Info _____
_____
_____

Guest Name _____

Memories & Condolences
_____
_____

Contact Info _____
_____

Thoughtd. Memories

Guest Name _____

Contact Info _____

Memories & Condolences

Guest Name _____

Contact Info _____

Memories & Condolences

Thoughtd. Memories

Guest Name _____   Memories & Condolences
_____   _____
_____   _____
Contact Info _____   _____
_____   _____
_____   _____

Guest Name _____   Memories & Condolences
_____   _____
_____   _____
Contact Info _____   _____
_____   _____
_____   _____

Thoughtd. Memories

Guest Name _____   *Memories & Condolences*

Contact Info _____

Guest Name _____   *Memories & Condolences*

Contact Info _____

Thoughtd. Memories

Guest Name _____

Contact Info _____

Memories & Condolences
_____
_____
_____
_____

Guest Name _____

Contact Info _____

Memories & Condolences
_____
_____
_____
_____

Thoughtd. Memories

Guest Name _____

Contact Info _____

Guest Name _____

Contact Info _____

Memories & Condolences

Memories & Condolences

Thoughtd. Memories

Guest Name _____

Memories & Condolences
_____
_____

Contact Info _____
_____

Guest Name _____

Memories & Condolences
_____
_____

Contact Info _____
_____

Special Notes

Special Notes

Special Notes

Special Notes

Special Notes

Special Notes

Special Notes

Special Notes

Special Notes

Special Notes

Special Notes

Special Notes

Special Notes

Special Notes

Special Notes

Special Notes

Special Notes

Special Notes

Special Notes

Special Notes

Family Tree

Great Grandfather	Great Grandfather
	Grandfather ——— Grandfather
Great Grandmother	Great Grandmother
	Mother ——— Father
Great Grandfather	Great Grandfather
	Grandmother ——— Grandmother
Great Grandmother	Great Grandmother

Children

Other Family Members

www.ingramcontent.com/pod-product-compliance
Lightning Source LLC
Chambersburg PA
CBHW081623100526
44590CB00021B/3573